1/72   1/48

Grumman F6F Hellcat • Robert Wąsik, Robert Skałbania
First edition • LUBLIN 2020

Photo credits/zdjęcia: **Robert Wąsik, Robert Skałbania**
Cover/okładka: **Zbigniew Kolacha**
Colour profiles/sylwetki barwne: **Zbigniew Kolacha**
DTP: **KAGERO STUDIO**
Translation/tłumaczenie: **Stanisław Powała-Niedźwiecki**
Proof-reading/korekta: **Stanisław Powała-Niedźwiecki**
Polish proof-reading/korekta polska: **Stanisław Powała-Niedźwiecki**

ISBN: 978-83-66148-65-9

Masking foil/Folia maskująca

Other books in this series:/
Pozostałe książki z tej serii:

KAGERO Publishing • e-mail: kagero@kagero.pl, marketing@kagero.pl
Editorial office, Marketing, Distribution: KAGERO Publishing,
Akacjowa 100, os. Borek – Turka, 20-258 Lublin 62, Poland, phone/fax +4881 501 21 05

www.kagero.pl • shop.kagero.pl

P-51D
"Petie 2nd"

Mustang

John C. Meyer

Robert Wąsik

The North American P-51 Mustang is rightly considered as a World War II fighter legend. Initially, the design was troubled by problems with the right engine and there was little indication that the aircraft would become more popular. Situation changed when the plane got a license version of the British Rolls-Royce Merlin engine. *Mustang* began to build its reputation, becoming one of the best single-engine escort fighters in the history of World War II. Like most of aircraft modellers, I also had to have a Mustang miniature in my collection, which is why I've started building it even with more eagerness. So P-51D "Petie 2nd" came to the workshop. It was a personal aircraft of Lt. Col. John C. Meyer – deputy commander of the 352nd Fighter Group of the 8th Air Army in the fall of 1944.

North American P-51 *Mustang* słusznie uznawany jes za legendę lotnictwa myśliwskiego II wojny światowe Konstrukcję tę trapiły początkowo problemy z odpowied nim silnikiem i niewiele wskazywało na to, by samolot mia zyskać większą popularność. Dopiero zastosowanie licencyj nej wersji brytyjskich silników Rolls-Royce Merlin zmienił oblicze tego myśliwca. *Mustang* zaczął budować swoją reno mę, stając się jednym z najdoskonalszych jednosilnikowyc myśliwców eskortowych w dziejach II wojny światowej. Ja większość modelarzy lotniczych ja także musiałem mieć mi niaturę *Mustanga* w swojej kolekcji, dlatego z tym większ ochotą zabrałem się do budowy. Na warsztat trafił zatem P -51D „Petie 2nd", na którym latał Lt. Col. John C. Meyer – za stępca dowódcy 352 Grupy Myśliwskiej 8 Armii Powietrzne jesienią 1944 roku.

Jsed sets/Wykorzystane zestawy:
- North American P-51D Mustang, 1/72 scale/skala, Tamiya catalogue no./nr kat. 60749.

Jsed paints and other chemicals/Wykorzystana chemia:	
- Vallejo Model Color paints/ farby:	Green Zinc Chromate (71094), Hull Red (71039), Medium Brown (71038), Matt Aluminium (77716),
- AK-Interactive Xtreme Metal paints/farby:	Aluminium (AK479), Dark Aluminium (AK480),
- Abteilung-502 paints/farby:	Dark Brown (Abt 080), Black (Abt 110),
- paint/farba	Hataka Ultramarine Blue (A272),
- Ammo Mig chemicals/chemia:	Oilbrusher Dark Brown (3512), pigment Europen Dust (P028),
- surface/podkład:	Vallejo Surface Primer Black (70602),
-Tamiya Panel Line Accent Color Dark Grey (87199),	
- glues/kleje:	Tamiya Extra Thin, Tamiya Decal Adhesive,
- Aero Master decal liquids/płyny do kalkomanii:	Set II and Sol II,
- mass/masa:	Blue Stick,
- putty/szpachla:	Mr.Hobby Mr.Dissolved Putty, Tamiya Putty.

When the decision was made that the next model in my workshop would be the P-51D *Mustang* in 1/72 scale, the choice was very simple – Tamiya. The set from this Japanese manufacturer stands out from the others in both the quality of workmanship and the reproduction of details. The set marked with number 49 contains schemes for painting three different machines. I've decided to build a model showing a *Mustang* piloted by John C. Meyer, deputy commander of the 352nd Fighter Group in England.

Kiedy zapadła decyzja, że kolejnym modelem w moim warsztacie będzie P-51D *Mustang* w skali 1/72, wybór był bardzo prosty – Tamiya. Zestaw spod szyldu tego japońskiego producenta wyróżnia się na tle innych zarówno jakością wykonania, jak i odwzorowania detali. Zestaw oznaczony numerem 49 zawiera schematy malowania trzech różnych maszyn. Ja zdecydowałem się zbudować model przedstawiający *Mustanga* pilotowanego przez Johna C. Meyera, zastępcę dowódcy 352 Grupy Myśliwskiej w Anglii.

I've started building the model by assembling the cockpit. Individual parts after cutting out from the frames and grinding were initially fitted together and then prepared for painting.

Budowę modelu rozpocząłem od złożenia kabiny pilota. Poszczególne części po wycięciu z ramek i oszlifowaniu wstępnie zostały ze sobą spasowane, a następnie przygotowane do malowania.

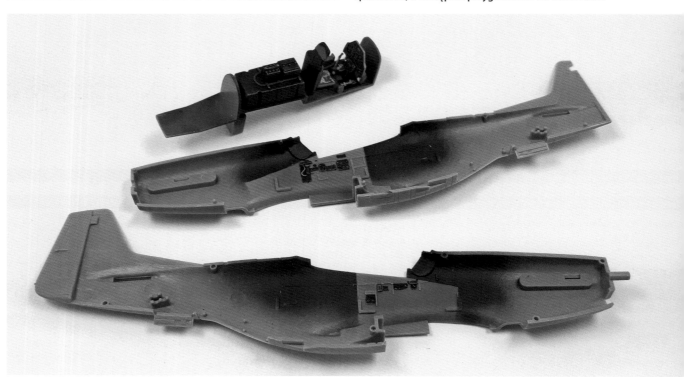

I've used Vallejo paint 71.094 Green Zinc Chromate to paint the cockpit. I've painted the side surfaces of the fuselage, pilot's seat and some instrument panels with this color. I've made the modulation with the same colour, but with bright yellow paint. I've applied a lighter shade in exposed places and on larger parts of the back plate and side panels. Then, with black paint I've painted the panels of the instruments, the elements of the cabin side sections indicated in the instructions, the elements of the radio installation visible behind the seat and the armour plate covering the pilot's head. With Hull Red (Vallejo 71.039), I've painted the headrest on the rear of the cabin and the steering stick base cover. I've painted the floor of the cockpit with Medium Brown. Using the "dry brush" technique, I've wiped the edges with a lighter colour and applied minor abrasions and damages. Using Matt Aluminum paint, I've painted scratches, abrasions and damage to the floor and seat. After drying, I've covered them with Hatak colorless lacquer, preparing the surfaces for applying a wash.

Do pomalowania kokpitu użyłem farby Vallejo nr 71094 Green Zinc Chromate. Kolorem tym pomalowałem boczne płaszczyzny kadłuba, fotel pilota i niektóre panele instrumentów. Modulację wykonałem tym samym kolorem, ale rozjaśnionym żółtą farbą. Nanosiłem jaśniejszy odcień w miejscach odsłoniętych i na większych płaszczyznach tylnej płyty oraz bocznych paneli. Następnie czarną farbą pomalowałem panele instrumentów pokładowych, wskazane w instrukcji elementy bocznych segmentów kabiny, elementy instalacji radiowej widoczne za fotelem oraz płytę pancerną osłaniającą głowę pilota. Farbą Hull Red (Vallejo 71039) pomalowałem zagłówek na tylnej płycie kabiny oraz osłonę podstawy drążka sterowego. Podłogę kabiny pomalowałem kolorem Medium Brown. Stosując technikę „suchego pędzla", przetarłem krawędzie jaśniejszym kolorem i nanisłem drobne otarcia oraz uszkodzenia. Używając farby Matt Aluminium, namalowałem odrapania, przetarcia i uszkodzenia na podłodze i fotelu. Całość po wyschnięciu pokryłem bezbarwnym lakierem błyszczącym Hataka, przygotowując powierzchnie do naniesienia washa.

After the clear varnish has dried, I've glued decals with imitation stripes on the pilot's seat. I've used Aero Master softening liquids. Then, once again, I've covered the surface with glossy varnish and applied a wash, which I've made of the dark brown oil paint by Abteilung-502. The next step was painting the radiator chamber and the radiator itself with a Matt Aluminum paint from Vallejo. After drying, I've glued all the elements together and glued one of the fuselage's halves, and then fit the fuselage together. It was ready for further assembly.

Po wyschnięciu lakieru bezbarwnego nakleiłem na fotel pilota kalkomanię z imitacją pasów. Zastosowałem płyny zmiękczające firmy Aero Master. Następnie jeszcze raz pokryłem powierzchnię błyszczącym lakierem i naniosłem wash, który zrobiłem z rozcieńczonej farby olejnej Dark Brown firmy Abteilung-502. Kolejną czynnością było pomalowanie farbą Matt Aluminium od Vallejo komory chłodnicy i samej chłodnicy. Po wyschnięciu wszystkie elementy skleiłem ze sobą i wkleiłem w jedną z połówek kadłuba, a następnie skleiłem kadłub w całość. Był gotowy do dalszego montażu.

Elements of the wings, after cutting out from the frames and polishing, were glued together. I've evened the edges with sandpaper and recreated the panel lines. Thus, the wings were also ready to be glued into the fuselage.

Elementy skrzydeł samolotu, po wycięciu z ramek i oszlifowaniu, skleiłem w całość. Krawędzie wyrównałem papierem ściernym i odtworzyłem linie podziału poszycia. Tym samym również skrzydła były gotowe do wklejenia w kadłub.

To hide the visible gap on the wings-fuselage joints, I've used a liquid putty Mr.Disolved Putty (Mr.Hobby). I've fit horizontal stabilizers into the fuselage. Then I've filled in the unevenness of the fuselage halves using Tamiya Putty. After sanding it with a fine sandpaper, I've wiped off the excess of the putty, and then smoothed the surfaces with a polishing cloth. Using a sewing needle, I've recreated dividing lines in some places. When the putty was still drying, I've took care of the undercarriage parts, the propeller and the fuel tanks. I've cut out all the elements from the frames, cleaned and assembled them, preparing for painting.

By ukryć widoczną szczelinę w miejscu łączenia skrzydeł z kadłubem, zastosowałem płynną szpachlę Mr.Dissolved Putty (Mr.Hobby). Wkleiłem w kadłub stateczniki poziome. Następnie zaszpachlowałem drobne nierówności w miejscu łączenia połówek kadłuba, wykorzystując do tego celu szpachlę Tamiya Putty. Po jej wyschnięciu drobnym papierem ściernym starłem nadmiar szpachli, a następnie wygładziłem powierzchnie ściereczką do polerowania. Przy użyciu igły krawieckiej odtworzyłem zatarte w niektórych miejscach linie podziału. Gdy szpachla jeszcze schła, zająłem się elementami podwozia, śmigłem i zbiornikami paliwa. Wszystkie elementy wyciąłem z ramek, oczyściłem i skleiłem, przygotowując do malowania.

The glued airframe and other elements were covered with black Vallejo acrylic primer. I've applied the foundation with an airbrush. Then, I've painted the whole thing with Aluminum paint from the Xtreme Metal series from AK-Interactive (AK479).

Sklejony płatowiec oraz pozostałe elementy pokryłem czarnym podkładem akrylowym firmy Vallejo. Podkład nanosiłem aerografem. Następnie całość pomalowałem farbą Aluminium z serii Xtreme Metal od AK-Interactive (AK479).

In order to diversify the surface of the model, selected elements, such as: ammunition bays covers, hatches and inspection panels as well as control surfaces and flaps were painted with Xtreme Metal Dark Aluminum (AK480). I've painted them with an airbrush. Some surfaces were masked with masking tape.

W celu zróżnicowania powierzchni budowanego modelu wybrane elementy poszycia, takie jak: pokrywy komór amunicyjnych, osłony luków i otworów inspekcyjnych oraz powierzchnie sterowe i klapy pomalowałem farbą Xtreme Metal Dark Aluminium (AK480). Prace malarskie wykonywałem aerografem, maskując wcześniej taśmą maskującą niektóre powierzchnie.

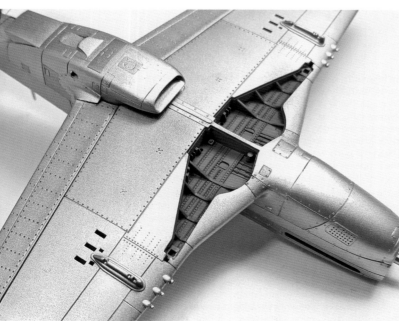

Before painting the wheel bays, I've used the wide masking tape from Tamiya to cover the wings. I've attached a properly selected strip of tape on the bay, and then with a sharp knife I cut out a hole corresponding to the shape of it, carefully guiding the blade along the edge of the hole. I've painted the bays with Vallejo 71.094 Green Zinc Chromate paint.

Przystępując do malowania wnęk podwozia głównego, skorzystałem z szerokiej taśmy maskującej firmy Tamiya. Odpowiednio dobrany pasek taśmy nakleiłem na komorę podwozia, a następnie ostrym nożykiem wyciąłem otwór odpowiadający kształtem wnękę podwozia, prowadząc ostrożnie ostrze po krawędzi otworu. Wnęki pomalowałem farbą Vallejo 71094 Green Zinc Chromate.

It was time to paint the blue elements on the fuselage as an identification and characteristic element of the unit in which John C. Meyer served. Using assembly instructions and many photographs of the original aircraft available on the Internet, I've masked the colour transitions by using Tamiya flexible masking tape for arcs and curves. After masking the remaining parts of the fuselage, I've painted the designated area with Hataka's Ultramarine Blue paint (A272).

Przyszła kolej na namalowanie niebieskich elementów na kadłubie stanowiących element identyfikacyjny i charakterystyczny dla jednostki, w której służył John C. Meyer. Korzystając z instrukcji montażu i wielu dostępnych w internecie fotografii oryginalnego samolotu, wyznaczyłem granice kolorów, używając do łuków i krzywizn elastycznej taśmy maskującej firmy Tamiya. Po zamaskowaniu pozostałych fragmentów kadłuba wyznaczony obszar pomalowałem farbą w kolorze Ultramarine Blue firmy Hataka (A272).

While the fuselage was drying, I took care of the other elements. I've painted the fuel tanks, the undercarriage covers and legs, as well as the elements of the propeller and the canopy. The propeller hubcap was also painted with Hataka's Ultramarine Blue paint.

Podczas gdy kadłub sechł, zająłem się pozostałymi elementami. Pomalowałem zbiorniki paliwa, pokrywy i golenie podwozia, a także elementy śmigła i osłony kabiny. Kołpak śmigła również pomalowałem farbą Ultramarine Blue od Hataki.

The time has come to apply decal. First, I've covered the model with Hataka's colourless varnish. After it dried, I've started applying the decals. I've used the help of Aero Master softening liquids: Set II under decals, and Sol II on decals. In addition, I've used Decal Adhesive Tamiya glue for the finer details. Tamiya's decals, when using the softening liquids, "settled" very well, penetrating the dividing lines and adhering closely to the surface. After drying, I've secured it with a glossy transparent varnish.

Przyszedł czas na nałożenie kalkomanii. Najpierw pokryłem model bezbarwnym lakierem błyszczącym firmy Hataka. Po jego wyschnięciu przystąpiłem do nakładania kalkomanii. Skorzystałem z pomocy płynów zmiękczających firmy Aero Master: Set II pod kalkomanie, a Sol II na kalkomanie. Dodatkowo przy drobniejszych detalach użyłem kleju Decal Adhesive Tamiyi. Kalkomanie firmy Tamiya przy zastosowaniu płynów zmiękczających "siadły" bardzo dobrze, wnikając w linie podziału i przylegając ściśle do powierzchni. Po wyschnięciu kalkomanii całość zabezpieczyłem błyszczącym lakierem bezbarwnym.

The next step was to highlight the panel lines. I've used a Tamiya Panel Line AccentColor Dark Gray product. With a fine brush mounted in the cap, I've ran the liquid into the dividing lines. After drying it, I've made corrections in places where the fluid did not completely fill them.

Następną czynnością było podkreślenie linii podziału elementów poszycia płatowca. Zastosowałem produkt Panel Line AccentColor Dark Grey Tamiyi. Drobnym pędzelkiem zamontowanym w nakrętce zapuściłem płyn w linie podziału. Po jego wyschnięciu dokonałem poprawek w miejscach, w których płyn nie wypełnił całkowicie wgłębnych linii podziału.

It was time for weathering. I've started dirtying the model and applying dirt traces from the wheel bays. I've used Oilbrusher Dark Brown from Ammo Mig. I've applied a small amount to the wheel bays and then spread it over the surface, using White Spirit as the medium. Next, I've washed all the nooks, highlighting individual details and giving the undercarriage an exploited look.

Przyszła kolej na weathering. Brudzenie modelu i nanoszenie śladów eksploatacyjnych rozpocząłem od wnęk podwozia głównego. Skorzystałem z Oilbrushera Dark Brown od Ammo Mig. Naniosłem niewielką jego ilość do komór podwozia, a następnie rozprowadziłem po powierzchni, używając jako medium White Spiritu. Powstały w ten sposób wash wypełnił wszystkie zakamarki, podkreślając poszczególne detale i nadając wnękom podwozia wyeksploatowany wygląd.

Weathering on the fuselage and wings was made with Abteilung-502 oil paints, mixing Wash Brown (Abt 080) and Black (Abt 110) as needed. I've applied the mixed paint in several selected places, such as: engine covers, wing-fuselage connection or ammunition bays covers. I've applied the oil paint with a fine brush without dissolving it using a flat, pointed brush. The paint was gently rubbed into the surface and the excess was removed with a cotton bud.

Weathering na kadłubie i skrzydłach modelu zrobiłem farbami olejnymi Abteilung-502, mieszając w zależności od potrzeb kolor Wash Brown (Abt 080) i Black (Abt 110). Zmieszaną farbę nakładałem w kilku wybranych miejscach, takich jak: osłony silnika, łączenie skrzydło-kadłub czy pokrywy komór amunicyjnych. Nałożoną drobnym pędzelkiem farbę olejną rozprowadzałem bez jej rozpuszczania przy użyciu płaskiego, ostro zakończonego pędzla. Farbę delikatnie wcierałem w powierzchnie, a jej nadmiar usuwałem przy użyciu patyczka higienicznego.

Propeller blades, which were previously painted black, got covered with a gloss Hataka varnish. After drying, I've applied decals with the manufacturer's logo and technical description. I've also put some wear marks on the leading edge of the propeller blades in the form of scratches and paint damage. I've painted these damages using Vallejo Matt Aluminum. After drying, I've covered the whole prop again with glossy varnish. Then, I've completed it by connecting the blades with the previously painted hubcap. I've sealed everything delicately with a Microscale matt varnish.

Pomalowane wcześniej na czarny kolor łopaty śmigła pokryłem błyszczącym lakierem bezbarwnym Hataka. Po jego wyschnięciu nałożyłem kalkomanie ze znakiem producenta i opisem technicznym. Naniosłem też ślady eksploatacyjne na krawędzi natarcia łopat śmigła w postaci zadrapań i uszkodzeń farby. Uszkodzenia te namalowałem, używając farby Vallejo Matt Aluminium. Po wyschnięciu całość pokryłem jeszcze raz lakierem błyszczącym. Następnie skompletowałem śmigło, łącząc łopaty z pomalowanym wcześniej kołpakiem. Całość pokryłem delikatnie matowym lakierem firmy Microscale.

The next stage was the finishing of previously painted fuel tanks, wheels and legs of the main undercarriage and its covers. The suspended tanks, which I've previously painted with Aluminum paint from Xtreme Metal series, have now been covered with glossy transparent varnish. Then, I've applied the decals to them, following the instructions, and applied service marks in the form of dirt around the fillers and on the underside of the tanks. I've put the ready tanks under the wings. Next, I've fit the wheels to the main undercarriage. I've weathered the legs using the same oil paints as for the tanks. On the wheels, I've applied Europe Dust dry pigment from Mig's offer. I've put the ready legs and wheels in the designated places. I've stained the undercarriage covers, imitating dirt, and then glued them into their places.

Następnym etapem budowy było wykończenie wcześniej pomalowanych zbiorników paliwa, kół i goleni podwozia głównego oraz jego osłon. Podwieszane zbiorniki, które wcześniej pomalowałem farbą Aluminium z serii Xtreme Metal, pokryłem teraz błyszczącym lakierem bezbarwnym. Następnie nałożyłem na nie kalkomanie, stosując się do instrukcji i naniosłem ślady eksploatacyjne w postaci zabrudzeń w okolicach wlewów oraz na spodniej stronie zbiorników. Gotowe zbiorniki wkleiłem pod skrzydłami. Golenie podwozia skleiłem z gotowymi kołami. Na golenie naniosłem ślady eksploatacyjne, korzystając z tych samych farb olejnych jak przy zbiornikach. Na koła naniosłem suchy pigment Europe Dust od Miga. Gotowe koła wkleiłem w wyznaczone miejsca. Osłony podwozia pobrudziłem, imitując ślady eksploatacyjne, a następnie wkleiłem na swoje miejsca.

Now it was time for canopy and windscreen. Due to the design and the relatively small amount of frames, I've used Vallejo Matt Aluminum paint. I've attached the windscreen directly to the fuselage. The upper, transparent part of the cabin cover was glued to the lower part which is the load-bearing element of the whole structure, and then glued to the fuselage, leaving it in the open position. After attaching the propeller and making few cosmetic corrections, the model was ready.

Pozostała do zrobienia osłona kabiny i wiatrochron. Z uwagi na konstrukcję i stosunkowo niewielką ilość elementów do pomalowania ramy wiatrochronu i owiewki kabiny pilota pomalowałem pędzlem. Użyłem farby Vallejo Matt Aluminium. Wiatrochron wkleiłem bezpośrednio do kadłuba. Górną, przezroczystą część osłony kabiny wkleiłem do dolnej części będącej elementem nośnym całej konstrukcji, a następnie przykleiłem do kadłuba, pozostawiając ją w pozycji odsuniętej (otwartej). Po doklejeniu śmigła i zrobieniu kilku kosmetycznych poprawek model był gotowy.

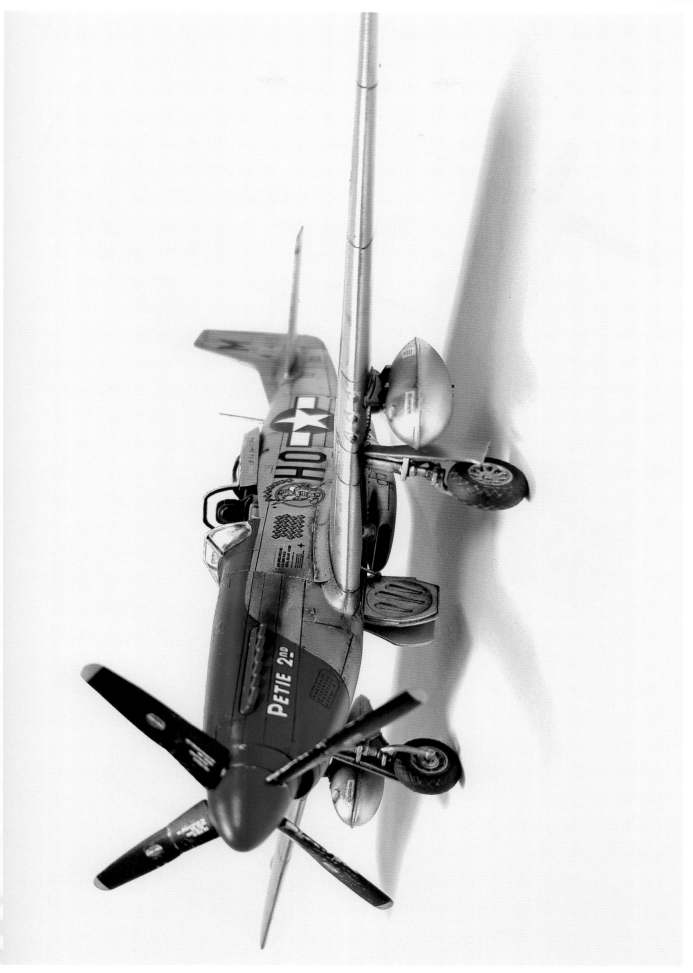

P-51D

Mustang
Lt. William Saks

Kamil Gmerek

Iwo Jima, a small volcanic island that was harder to get for Americans than anyone thought. From a strategic point of view, however, it was extremely valuable because it had two important airfields. Capturing them would increase the range of the B-29 bomber escort to the shores of Japan. 506th Fighter Group flying on P-51D *Mustang* was stationed on Iwo Jima. One of them belonged to Lt. William Saks, and a miniature of his plane will be the subject of this article.

The set was manufactured by MENG and it became famous as "glue-free" kit. In theory, this philosophy is based on combining the parts just by "clicking" them together. At this point, I admit that this method of assembly has facilitated and significantly accelerated the build. However, this approach forced a more complicated technological division of the model. We get much more elements, and putting the fuselage together is not limited to just joining its two halves. More elements means more joints, which need to be finished later.

Iwo Jima, mała wulkaniczna wyspa, której zdobycie było dla Amerykanów trudniejsze, niż ktokolwiek sądził. Jednak ze strategicznego punktu widzenia była niezwykle istotna, ponieważ znajdowały się na niej dwa ważne lotniska. Ich zdobycie pozwoliłoby na zwiększenie zasięgu eskorty dla bombowców B-29 po same wybrzeża Japonii. Na Iwo Jimie stacjonowała 506 Grupa Myśliwska wyposażona w samoloty P-51D *Mustang*. Jednym z nich latał Lt. William Saks, a miniatura jego maszyny będzie tematem tego artykułu.

Zestaw został wyprodukowany przez firmę MENG i zasłynął jako „glue-free", czyli niewymagający kleju. W teorii filozofia ta opiera się na łączeniu ze sobą elementów na wcisk. W tym miejscu przyznaję, że taki sposób montażu ułatwił i znacznie przyspieszył budowę. Niemniej takie podejście wymusiło bardziej skomplikowany podział technologiczny bryły modelu. Otrzymujemy znacznie więcej elementów, a sklejanie kadłuba nie ogranicza się tylko do łączenia ze sobą dwóch jego połówek. Więcej elementów to więcej miejsc łączeń, które później potrzeba należycie wykończyć.

Used sets/wykorzystane zestawy:	
– North American P-51D Mustang, scale/skala 1/48, MENG catalogue no./nr kat. LS-006,	
– masks/maski Eduard catalogue no./nr kat. EX559,	
– instrument panel/tablica przyrządów Yahu catalogue no./nr kat. YMA4819,	
– seatbelts/pasy HGW Models catalogue no./nr kat. 148554,	
– PE parts/elementy fototrawione Eduard catalogue no./nr kat. 49850,	
– decal/kalkomanie Kagero Decals KD1-1/48 catalogue no./nr kat. 48001.	
Used paints and other chemicals/wykorzystana chemia:	
– paints/farby:	Vallejo Model Color: Gold Yellow (71078), Glossy Black (70861), Offwhite (70820); Mr.Hobby Mr.Color: Zinc-Cromate Type 1 (C351), Flat Black (C33), Silver (C8); Bilmodel: Signal White (051); Abteilung-502: Dark Brown (Abt 080), Black (Abt 110); Tamiya: Flat Brown (XF-10); Alclad II: Aluminium (ALC-101), Stainless Steel (ALC-115), Airframe Aluminium (ACL-119), Duraluminum (ALC-102), Dark Aluminium (ALC-103), Hataka: Willow green HTK-C221,
– chemicals/chemia:	Ammo Mig: Panel Line Wash Neutral Brown (1614), pigment Europen Dust (P028); AK-Interactive: Worn Effects (AK088), Engine Oil (AK084), Track Wash (AK083),
– base/podkład:	Mr.Finishing Surfacer 1500 Black,
– Tamiya Panel Line Accent Color:	Black (87131),
– glues/kleje:	Tamiya Extra Thin, Revell Contacta, Tamiya Decal Adhesive,
– decal liquids/płyny do kalkomanii:	Microscale SET, SOL,
– putty/szpachla:	Tamiya putty basic type, Mr.Surfacer 1000,
– resins/żywice:	forming silicone/silikon formierski MM922, catalyst/katalizator MMCAT R5, two-component/żywica dwuskładnikowa RenCast FC52.

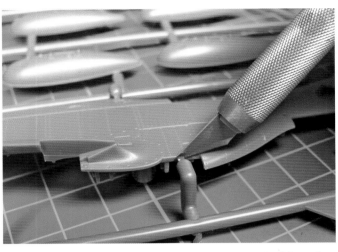 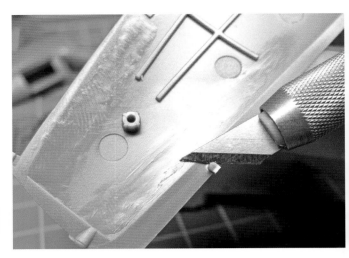

I've started building the model by cutting out larger panels of the airframe. I've cut them out using the Olfa scalpel, cutting off the remains of the ejector traces.

Budowę modelu rozpocząłem od wycięcia większych części imitujących poszycie. Elementy wycinałem przy pomocy skalpela Olfy, odcinając na płasko pozostałości układu dolotowego do plastikowych ramek.

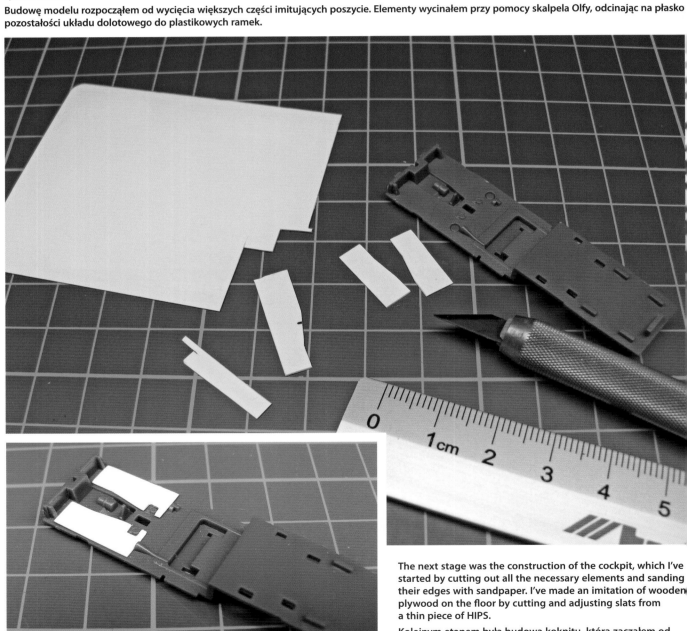

The next stage was the construction of the cockpit, which I've started by cutting out all the necessary elements and sanding their edges with sandpaper. I've made an imitation of wooden plywood on the floor by cutting and adjusting slats from a thin piece of HIPS.

Kolejnym etapem była budowa kokpitu, którą zacząłem od wycięcia wszystkich niezbędnych elementów i przeszlifowania ich krawędzi papierami ściernymi. Imitację drewnianej sklejki na podłodze wykonałem poprzez wycięcie i dopasowanie listewek z kawałka cienkiej płytki HIPS.

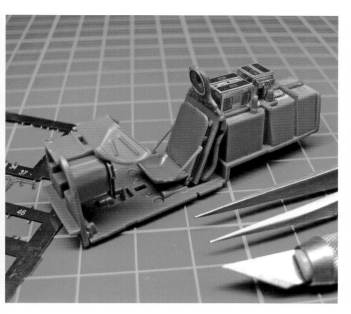

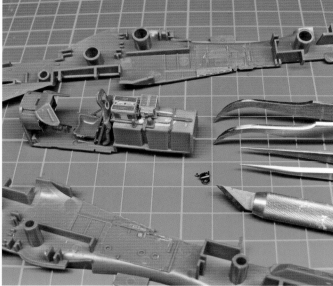

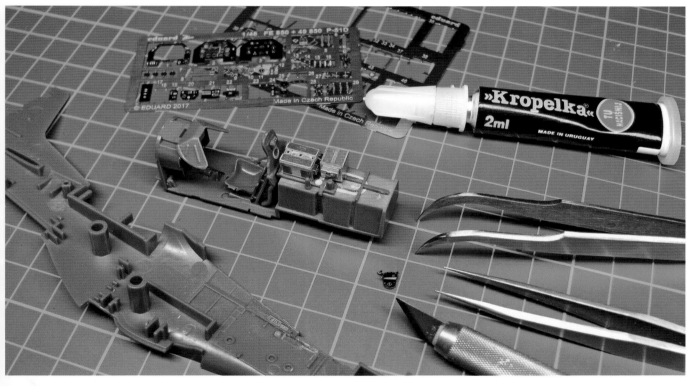

The battery and radio behind the pilot's seat were made of photo-etched parts. I've cut them with Olfa's scalpel, being careful not to warp their edges. This is best done on a hard surface. Modelling mat in this case was not the best solution. I've bent the elements using tweezers and a knife, although it would certainly be better with a professional bending device for PE parts.

Akumulator oraz radiostację znajdujące się za fotelem pilota wykonałem z elementów fototrawionych. Wycinałem je skalpelem Olfy, uważając, aby nie wykrzywić ich krawędzi. Najlepiej zginać blaszki na twardym podłożu. Mata modelarska w tym przypadku nie była najlepszym rozwiązaniem. Elementy wyginałem przy użyciu pęsety oraz nożyka, chociaż z pewnością lepiej sprawdziłaby się profesjonalna zaginarka do elementów fototrawionych.

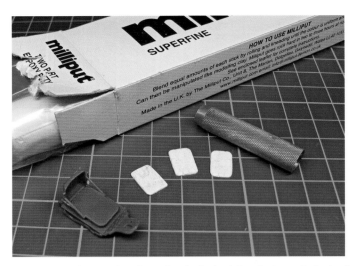

An attractive element that diversifies the look of the pilot's seat is the back cushion. It wasn't included in the set, so I've decided to make it myself. Milliput Superfine modelling mass was used as a raw material. The two-component mass after joining can be freely formed. After about three hours, it becomes completely hard and you can easily sand it. I've formed a flat element that matched the shape of the back of the seat and gave it a texture resembling real material.

Efektownym elementem urozmaicającym wygląd fotela pilota jest poduszka oparcia. Nie było jej w zestawie, więc postanowiłem wykonać ją samemu. Jako surowiec posłużyła mi masa modelarska Milliput Superfine. Dwuskładnikowa masa po złączeniu da się dowolnie formować. Po upływie około trzech godzin staje się kompletnie twarda i można ją spokojnie szlifować. Uformowałem z niej płaski element odpowiadający kształtem oparciu fotela i nadałem jej fakturę przypominającą materiał.

The instrument panel is a ready element from the domestic manufacturer of accessories – Yahu.

Tablica przyrządów to gotowy element od rodzimego producenta akcesoriów modelarskich – firmy Yahu.

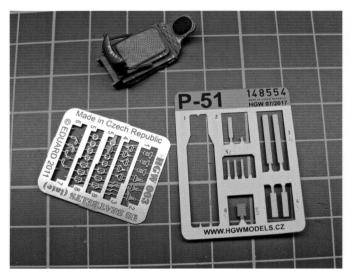
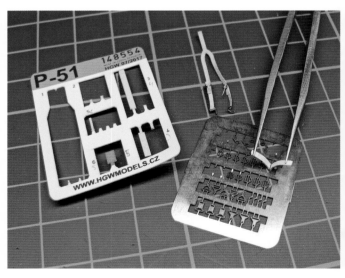

Another valorization was the seat belts. When planning the cabin in open position, it is the belts that are the most noticeable and it is worth making every effort to make them a really attractive detail. Belts from Czech manufacturer HGW Models are made of microtextile and they phenomenally reflect realism.

Kolejną waloryzacją były pasy fotela pilota. Przy planowaniu wykonania kabiny w pozycji otwartej to właśnie pasy są elementem, który najbardziej rzuca się oczy i warto dokonać wszelkich starań, aby był to detal naprawdę atrakcyjny. Pasy od czeskiego producenta HGW Models wykonane z mikrotkaniny fenomenalnie oddają realizm.

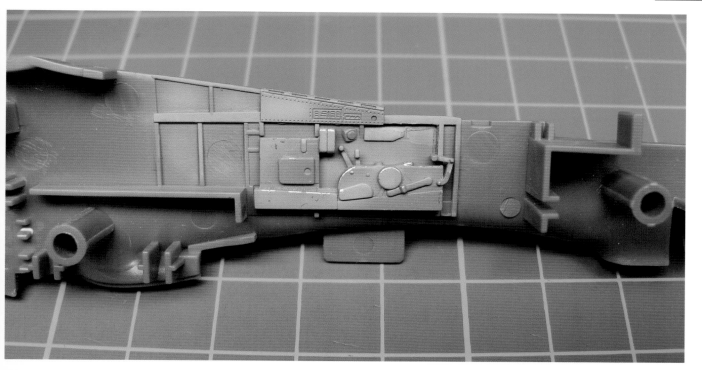

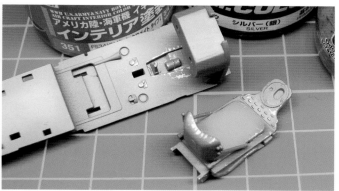

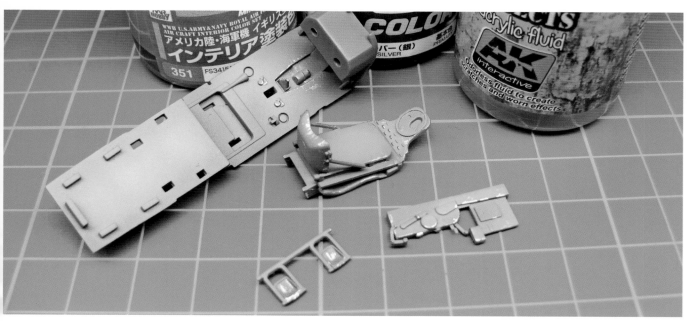

Mr.Hobby's C8 silver was used to paint the cockpit elements. Then, I've put on the AK Worn Effect. Finally, the cockpit was painted with a special paint Mr.Hobby Zinc Chromate Type 1. I always dilute those paints with an excellent Levelling Thinner from the same manufacturer. With the Worn Effect foundation, I've made scratches imitating paint chips and paint wear in the cockpit.

Do pomalowania elementów kokpitu jako podkład posłużyło sreberko Mr.Hobby C8. Następnie nałożyłem aerografem specyfik Worn Effect od AK. Na koniec kokpit malowałem specjalną farbą Mr.Hobby Zinc Chromate Type 1. W przypadku farb Mr.Hobby zawsze rozcieńczam je wyśmienitym Levelling Thinnerem od tego samego producenta. Podkład z Worn Effect pozwolił wykonać zdrapki imitujące odpryski i zużycie powłoki farby w kokpicie.

Cockpit details such as knobs and switches were painted with a brush, using perfectly suitable, water-based Vallejo or Citadel Layer or Base series paints. On this occasion, I've almost always use a wet palette. It gives the opportunity to maintain the desired consistency of paint for long hours.

Detale kabiny takie jak gałki, pokrętła, przełączniki malowałem pędzlem, korzystając ze świetnie się do tego nadających, wodorozcieńczalnych farb Vallejo lub Citadel serii Layer lub Base. Przy tej okazji prawie zawsze korzystam z mokrej palety. Daje ona możliwość utrzymania pożądanej konsystencji farby przez długie godziny.

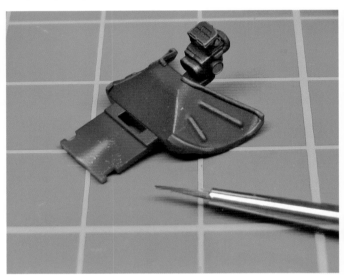

All protruding elements and sharp edges were highlighted with brush and lightened base paint. I've mixed the right colour on the mentioned wet palette. The point is to brighten the cockpit which is already hidden inside the fuselage, as well as add three-dimensionality and plasticize the bas-relief, which is most often the sides of the cabin.

Wszystkie wystające elementy oraz ostre krawędzie pociągnąłem pędzlem rozjaśnioną farbą bazową. Jej odpowiedni kolor zmieszałem na wspomnianej mokrej palecie. Zabieg ten ma za zadanie rozświetlić i tak schowany już wewnątrz kadłuba kokpit, a także dodać trójwymiarowości i uplastycznić płaskorzeźbę, jaką najczęściej są boki kabiny.

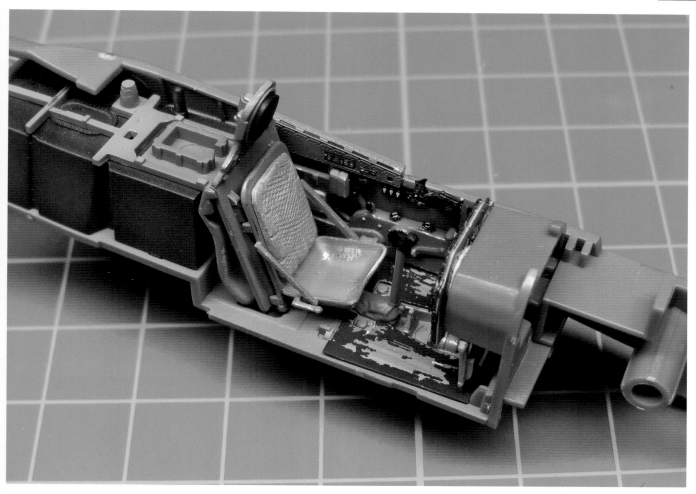

I've made an imitation of a wooden structure by applying irregular layers of diluted oil paint with a brush, creating grain on plywood. Then, with the help of "Worn Effect" from AK-Interactive, I've made scratches on black paint.

Imitację drewnianej podłogi wykonałem poprzez naniesienie pędzlem nieregularnych warstw rozcieńczonej farby olejnej, tworząc usłojenie na sklejce. Następnie przy pomocy specyfiku „Worn Effect" od AK-Interactive wykonałem zdrapki na czarnej farbie.

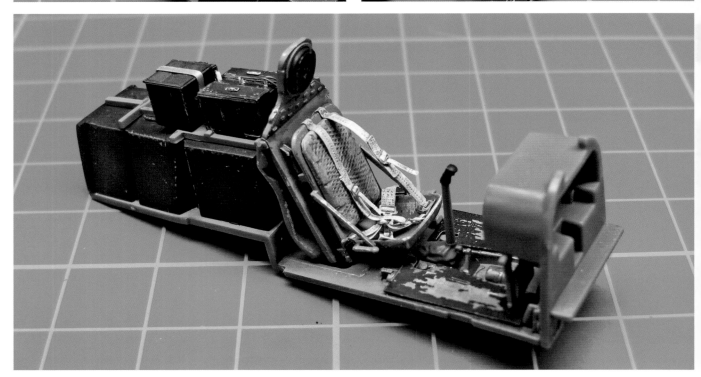

Next, I've fit the HGW's seatbelts and radio units behind the pilot's headrest.

Następnie dokleiłem pasy od HGW oraz osprzęt radiowy za zagłówkiem pilota.

I've put a black wash on the finished interior using the Panel Line Accent Color from Tamiya.

Na tak wykończone wnętrze położyłem czarnego washa, używając stworzonego do tego celu Panel Line Accent Color od Tamiyi.

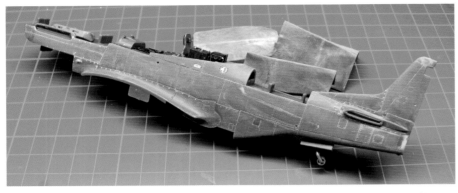

The surface of the model is slightly rough, which is not desirable, given the subsequent painting of the model with metallizers. I've decided to sand the wings and stabilizers before assembly. I've left the fuselage for later and sanded it as a whole.

For sanding, I've used water abrasive papers ranging from 600, 800 grade and 1500 for finishing. For wet sanding, I've use Klingspor papers. Their quality is very good, the grain does not crumble and, above all, the paper does not break when folded. This is especially important when we need to sand hard to reach places.

Powierzchnia modelu jest nieco chropowata, co nie jest pożądane, biorąc pod uwagę późniejsze malowanie metalizerami. Postanowiłem zatem przeszlifować skrzydła i stateczniki jeszcze przed montażem. Kadłub zostawiłem na później i szlifowałem jako całość.

Do szlifowania używam wodnych papierów ściernych o gradacji 600, 800 oraz 1500 jako wykończeniowego. Szlifując na mokro, używam papierów firmy Klingspor. Mają one dobrą wydajność, ziarno się nie wykrusza i przede wszystkim papier nie łamie się przy zaginaniu. Jest to szczególnie istotne, gdy musimy wyszlifować trudno dostępne miejsca.

In order to minimize roughness of the surface, I've smoothed it with a sandpaper.

W celu zminimalizowania chropowatości elementy powierzchni szlifowałem papierami ściernymi.

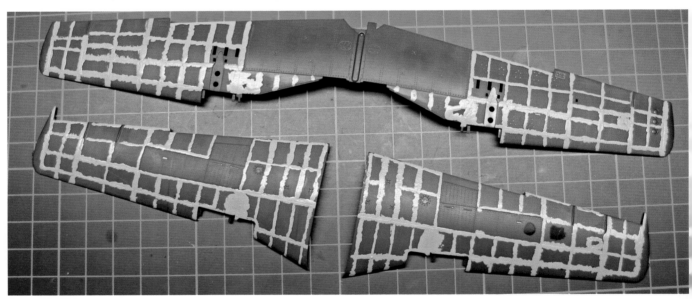

Before continuing the montage of other parts together, I've faced a big dilemma. Real *Mustangs'* wings were sprayed with putty at the assembly stage. On the upper surfaces of the wings double layer of putty was used; single layer on lower parts. Next, it was sanded to obtain a smooth surface, without any rivets visible. It is confirmed by numerous photos from era, where it is very clear that the surface of the wings was perfectly smooth. From a substantive point of view, I knew that I should fill the appropriate dividing and rivet lines on the wings. On the other hand, I did not want to remove the riveting, because it increases the attractiveness of the model. I knew that I was building a specific *Mustang* from the Pacific theatre, which differed from typical versions of this plane, which is why making the miniature as close to original as possible was in the first place. So, I've made the decision to fill the wings. I did it using Mr.Surfacer 1000 primer, which I've applied with a brush to the places of the dividing lines and rivets.

Chcąc kontynuować montowanie modelu w całość, stanąłem przed dużym dylematem. Prawdziwe *Mustangi* miały na etapie montażu natryskowo szpachlowane skrzydła. Na górnych powierzchniach skrzydeł stosowano podwójną warstwę szpachlówki, na dolnych zaś kładziono pojedynczą warstwę. Następnie szlifowano szpachlę do uzyskania idealnie gładkiej powierzchni, tak aby nie były widoczne nity. Taki stan rzeczy potwierdzają liczne zdjęcia z epoki, gdzie bardzo dokładnie widać, że powierzchnia skrzydeł była idealnie gładka. Z merytorycznego punktu widzenia wiedziałem, że powinienem zaszpachlować odpowiednie linie podziału oraz nitowania na skrzydłach. Z drugiej zaś strony nie chciałem usuwać nitowania, ponieważ podnosi ono atrakcyjność modelu. Wiedziałem, że buduję konkretnego *Mustanga* znad Pacyfiku, który różnił od typowych wersji tego samolotu, dlatego oddanie pierwowzoru stało na pierwszym miejscu. Podjąłem więc decyzję o zaszpachlowaniu skrzydeł. Zrobiłem to przy użyciu podkładu Mr.Surfacer 1000, który nakładałem pędzlem w miejsca odpowiednich linii podziału i nitów.

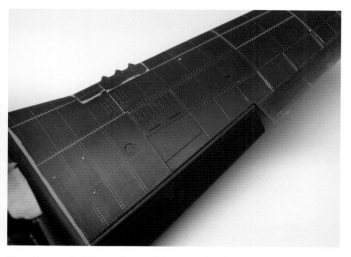

Then I've sanded the surfaces with water abrasive papers. I had to repeat this procedure to completely get rid of the rivets.

Następnie szlifowałem powierzchnię wodnymi papierami ściernymi. Dla całkowitego pozbycia się nitów zabieg ten musiałem powtórzyć.

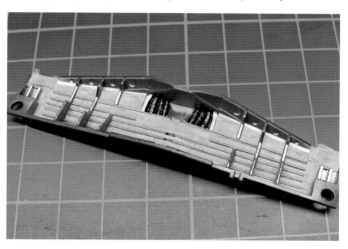

In the next step, I wanted to start assembling the whole airframe. Before this stage, however, the manufacturer required prior gluing of the wheel bays and legs to appropriate places in the wing. To diversify the not very rich wheel bays (in real thing there was a tangle of hydraulic hoses), I've decided to paint them effectively. Analysis of the available documentation showed that there were bays in the colour of natural metal, as well as all painted in Zinc Chromate Primer. But there were also those where the ceiling was left in the colour of raw aluminum, while the side walls were painted. I knew it was an option for me. After painting the bays, I've began to laboriously mask them using the irreplaceable Tamiya masking tape and Maskol fluid from Humbrol. After painting and removing the masks, the effect turned out to be worth it.

W kolejnym kroku chciałem zabrać się za montowanie całej bryły modelu. Przed tym etapem producent wymagał jednak uprzedniego wklejenia wnęk podwozia oraz goleni w odpowiednie miejsca w płacie. Dla urozmaicenia niezbyt bogatych wnęk podwozia (w rzeczywistości była tam plątanina przewodów hydraulicznych) postanowiłem je efektownie pomalować. Analiza dostępnej dokumentacji wykazała, że były wnęki w kolorze naturalnego metalu, jak i całe pomalowane Zinc Chromate Primer. Ale były także takie, gdzie sufit pozostawiano w kolorze surowego aluminium, natomiast podłużnice malowano. Wiedziałem, że to opcja dla mnie. Po pomalowaniu wnęk przystąpiłem do ich żmudnego maskowania przy użyciu niezastąpionej taśmy maskującej Tamiya oraz płynu Maskol firmy Humbrol. Po pomalowaniu i zdjęciu masek efekt okazał się wart zachodu.

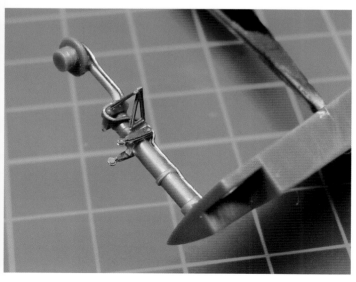

In addition to the suggested photo-etched parts, I've added lead wire hydraulics to the undercarriage legs.

Do goleni podwozia oprócz sugerowanych elementów fototrawionych dodałem hydraulikę z drutu ołowianego.

I could already put the chassis module in place and close the whole. For gluing larger surfaces, e.g. wing halves, I usually use Revell needle glue. After roughly gluing the elements, I always run their edges with Tamiya Extra Thin Cement liquid adhesive. It connects elements, penetrating well into the gaps. When using it, remember to squeeze the elements thoroughly together, preferably by using small clamps or rubber bands.

Tak przygotowany układ podwozia mogłem już wkleić w płat i zamknąć całość. Do klejenia większych powierzchni, np. płatów, używam zazwyczaj kleju z igłą firmy Revell. Po zgrubnym sklejeniu elementów ich krawędzie zawsze pokrywam płynnym klejem Tamiya Extra Thin Cement. Łączy on elementy, dobrze wnikając w szczeliny. Podczas jego używania należy pamiętać, aby elementy dokładnie ścisnąć ze sobą najlepiej przy pomocy małych ścisków bądź gumek recepturek.

After gluing the airframe, the places that needed to be filled became visible. As I mentioned, due to the complicated technological division there were many such places. I've used Tamiya Putty to fill joints. Then I've thoroughly sand them with water abrasive papers.

Po sklejeniu bryły modelu uwidoczniły się miejsca, które wymagały szpachlowania. Jak już wspomniałem, ze względu na skomplikowany podział technologiczny miejsc takich było dużo. Do szpachlowania łączeń używam szpachli Tamiya Putty. Następnie całość starannie szlifuję wodnymi papierami ściernymi.

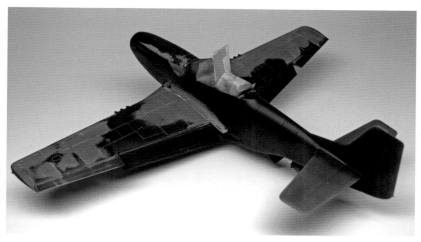

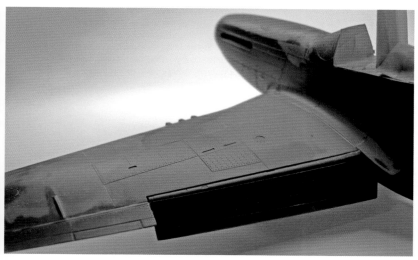

At this stage, a common phenomenon is the disappearance of dividing lines and rivet lines due to grinding and matching the elements to the model. I've traced the faded lines again, using a thin sewing needle, which I lead along a piece of thicker aluminum plate. I've remade the rivets lines with a riveting tool from RB Productions.

Such prepared airframe, after masking the legs, wheel bays and the cockpit, was painted with a black Mr.Finishing Surfacer undercoat with a gradation of 1500. The resulting structure gives an uniform background, perfectly showing places that need correction. They were necessary mainly on the smoothed surfaces of the wings, which I've re-sanded again.

Na tym etapie często spotykanym zjawiskiem jest zanikanie linii podziałowych oraz linii nitów na skutek szlifowania i dopasowywania elementów do bryły modelu. Zatarte linie trasuję na nowo, używając cienkiej igły krawieckiej, którą prowadzę wzdłuż kawałka grubszej aluminiowej blaszki. Linię nitów odtwarzam za pomocą nitowadła od RB Productions.

Tak przygotowaną bryłę modelu, po uprzednim zamaskowaniu goleni, wnęk podwozia oraz kokpitu, pomalowałem czarnym podkładem Mr.Finishing Surfacer o gradacji 1500. Uzyskana struktura daje jednolite tło, doskonale uwidaczniając miejsca wymagające poprawek. Były one konieczne głównie na szpachlowanych powierzchniach skrzydeł, które ponownie przeszlifowałem.

For the final painting with metalizers, I've assumed that a black foundation will be a good base for this type of paint. The first attempts with Alclad II were unsuccessful because the matt structure of the undercoat looked bad and the metalizer did not give the expected glossy surface. I've decided to polish the whole model. I've used what I had on hand, which in this case was the Autosol Scratch Remover – known more widely in the automotive market. It is basically a finishing polishing paste. I would normally use Polishing Compound from Tamiya. I've carried out the polishing with a soft brush and cotton buds.

Przy docelowym malowaniu metalizerami założyłem, że czarny podkład będzie stanowił dobrą bazę pod tego typu farbę. Pierwsze próby z Alcladem II zakończyły się niepowodzeniem, ponieważ matowa struktura podkładu wyglądała źle, a metalizer nie dawał spodziewanego połysku powierzchni. Zdecydowałem się wypolerować cały model. Użyłem tego, co miałem pod ręką, a mianowicie specyfiku Autosol Scratch Remover – znanego szerzej na rynku motoryzacyjnym. Jest to w zasadzie wykańczająca pasta polerska. Normalnie użyłbym Polishing Compound od Tamiya. Samą polerkę przeprowadzałem miękką szczoteczką oraz patyczkami higienicznymi.

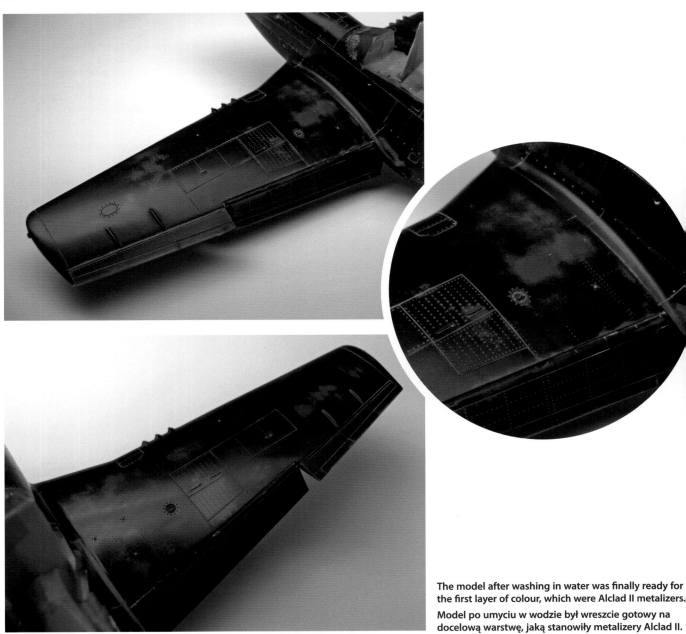

The model after washing in water was finally ready for the first layer of colour, which were Alclad II metalizers.

Model po umyciu w wodzie był wreszcie gotowy na docelową warstwę, jaką stanowiły metalizery Alclad II.

I appreciate Alclads for fine grain and no need for dilution. As it happens in metalizers, the applied pigment film has practically no thickness, which will not hide errors from the previous stage of work. Therefore the surface must be perfectly prepared. The main layer was a metalizer from the High Shine ALC-119 Airframe Aluminum series. The wing tips and tank covers on the bottom of the panel are ALC-115 Stainless Steel. Steering surfaces and weapon covers on the panel are ALC-101 Aluminum. To add variety, I've painted some of the panels with Alclads ALC-102 Duraluminum and ALC-103 Dark Aluminum. The anti-reflection surface is Olive Drab Mr.Hobby from the C series. The green tail had to be painted with a paint called Willow Green. Looking for a ready mix, Hataka orange HTK-C221 came with the help. It was my first contact with the Polish manufacturer's paints and after using in an airbrush I am sure that it was not the last. It is worth mentioning that all painting work was done using the Sparmax SP-20x airbrush. It has a 0.2mm nozzle and perfectly fills the market gap between Chinese airbrushes and high-end tools. I can certainly recommend this equipment especially to beginners.

Alclady cenię za drobne ziarno oraz brak potrzeby rozcieńczania. Jak to w metalizerach bywa, nałożony film pigmentu nie posiada praktycznie grubości przez co nie ukryje błędów z poprzedniego etapu pracy. Powierzchnia musi być idealnie przygotowana. Główną warstwę stanowił metalizer z serii High Shine ALC-119 Airframe Aluminium. Końcówki skrzydeł oraz pokrywy zbiorników na spodzie płata to ALC-115 Stainless Steel. Powierzchnie sterowe oraz pokrywy uzbrojenia na płacie to ALC-101 Aluminium. Dla urozmaicenia niektóre z paneli pomalowałem Alcladami ALC-102 Duraluminum oraz ALC-103 Dark Aluminium. Pas przeciwodblaskowy to Olive Drab Mr.Hobby z serii C. Zielony ogon musiał zostać pomalowany farbą o nazwie Willow Green. Szukając gotowej mieszanki, z pomocą przyszła Hataka pomarańczowej serii HTK-C221. Był to mój pierwszy kontakt z farbami polskiego producenta i po użyciu w aerografie jestem pewien, że nie ostatni. Warto wspomnieć, że całość prac malarskich wykonałem przy użyciu aerografu Sparmax SP-20x. Posiada on dyszę 0,2 mm i doskonale wypełnia lukę na rynku pomiędzy chińskimi aerografami a narzędziami z wyższej półki cenowej. Z pewnością mogę polecić ten sprzęt szczególnie osobom początkującym.

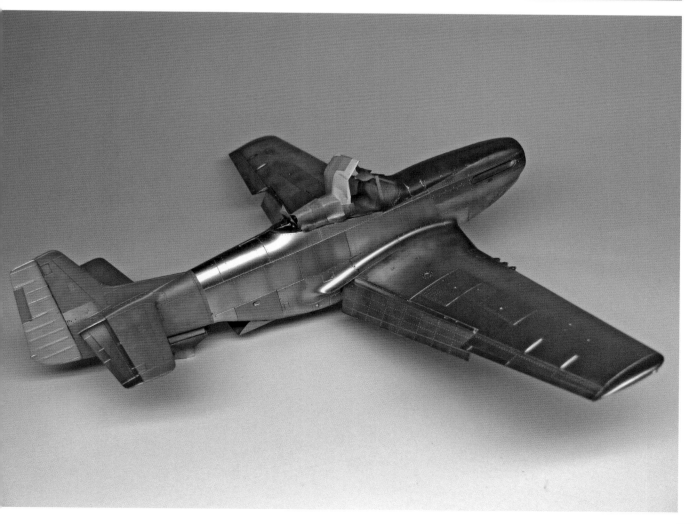

On such painted model, I've put a gloss for decals, which was GX100 varnish from Mr.Hobby thinned with Levelling Thinner. For markings I've used the decals from the first issue of the Kagero Decals series. Nationality emblems, side numbers and personal pilots' emblems were printed by Cartograf. Decals from this manufacturer respond well to Microscale's SET and SOL liquids. Decals correctly blend into the surfaces.

Na tak pomalowany model położyłem połysk pod kalki, za który posłużył lakier GX100 od Mr.Hobby mocno rozcieńczany Levelling Thinnerem. Do wykonania oznaczeń wykorzystałem kalkomanie z pierwszego numeru serii Kagero Decals. Oznaczenia przynależności państwowej, numer boczny oraz osobiste godła pilotów zostały wydrukowane przez firmę Cartograf. Kalkomanie tego producenta dobrze reagują na płyny Microscale SET kładzionego pod kalki oraz SOL na kalki. Kalkomanie poprawnie wtopiły się w strukturę powierzchni.

The whole thing was again covered with a thin layer of GX100 varnish. To make a delicate wash, I've used Tamiya oil enamels: black XF-1 and brown XF-10, diluting them with White Spirit. These are great fine pigment paints. I always try to do washes myself, because it gives you the ability to control the degree of dilution of the mixture. After the wash, the whole model was painted with Mr.Hobby C181 satin lacquer. Additional dirtying in places most used on the wings and in places of fluid leaks under the radiator and on additional fuel tanks was made using ready-made washes from AK-Interactive, namely Track Wash and shiny Engine Oil.

Całość ponownie pokryłem cienką warstwą lakieru GX100. Do wykonania delikatnego washa użyłem emalii olejnych Tamiyi: czarnej XF-1 oraz brązowej XF-10, rozcieńczając je White Spiritem. Są to świetne farby o drobnym pigmencie. Washe staram się wykonywać samemu, ponieważ daje to możliwość kontroli nad stopniem rozcieńczenia mieszanki. Po wykonaniu washa cały model pomalowałem satynowym lakierem Mr.Hobby C181. Dodatkowe brudzenie w miejscach najbardziej użytkowanych na płacie oraz w miejscach wycieków płynów pod chłodnicą i na dodatkowych zbiornikach paliwowych wykonałem przy użyciu gotowych washy od AK-Interactive, mianowicie Track Wash oraz błyszczącym Engine Oil.

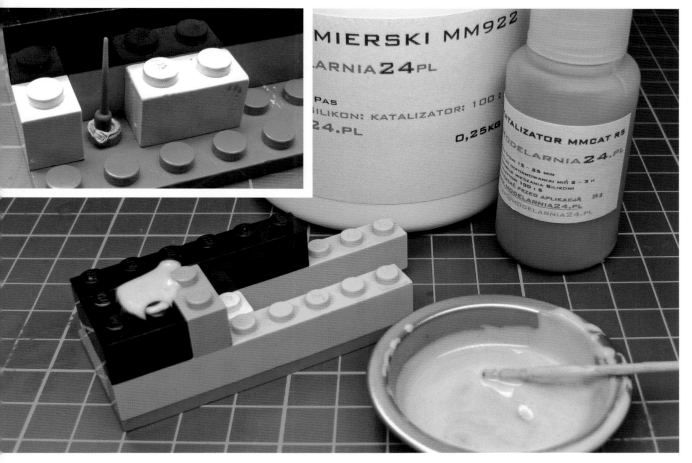

The icing on the cake when building the *Mustang* from Iwo Jima was the implementation of the characteristic antennas. Double long range radio mast, called *Uncle Dog*, required duplication of antennas from a standard radio. However, MENG does not provide for such a modification. I've decided to make the missing masts as resin copies. To make the silicone mould, I've used moulding silicone MM92 mixed with a dedicated catalyst in the proportion suggested by the manufacturer. I've used blocks to build the walls of the mould, placing the original antenna mast from the set at the bottom.

Wisienką na torcie przy budowie *Mustanga* z Iwo Jimy było wykonanie charakterystycznych anten. Zdwojony maszt radiostacji dalekiego zasięgu *Uncle Dog* wymagał zdublowania anten od standardowej radiostacji. MENG nie przewiduje jednak takiej modyfikacji. Postanowiłem wykonać brakujące maszty jako żywiczne kopie. Do wykonania formy silikonowej posłużył mi silikon formierski MM92 zmieszany z dedykowanym katalizatorem według proporcji sugerowanej przez producenta. Do budowy ścianek formy użyłem klocków, umieszczając na dnie oryginalny maszt antenowy z zestawu.

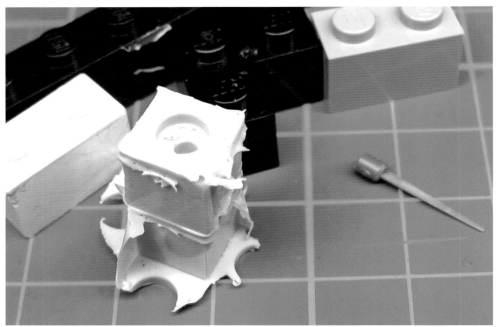

24 hours after flooding, I had a ready form.

Po 24 godzinach od zalania miałem gotową formę.

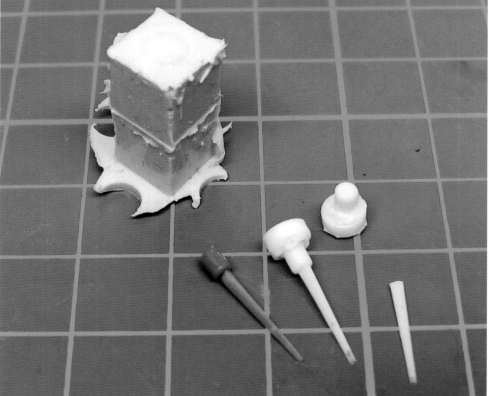

Two-component RenCast resin mixed in a 1:1 ratio was used as the casting medium. Two hours after flooding, I had a ready copy of the item. Uncomplicated elements can be handled without a vacuum container. Two copied antennas served as masts for the AN/ARA-8 *Uncle Dog* radio station. At the bottom of the fuselage there was a standard mast of the SCR 552 radio station. Antennas of the warning device AN/APS-13 appeared on the vertical stabilizer, which Eduard made as photo-etched parts. Adding these details completed the work on the model.

Jako medium odlewnicze posłużyła dwuskładnikowa żywica RenCast zmieszana w proporcji 1:1. Po upływie dwóch godzin od zalania miałem gotową kopię elementu. Przy detalach o nieskomplikowanych kształtach można poradzić sobie bez pojemnika próżniowego. Dwie skopiowane anteny posłużyły jako maszty radiostacji AN/ARA-8 *Uncle Dog*. Na spodzie kadłuba znalazł się standardowy maszt radiostacji SCR 552. Na stateczniku pionowym pojawiły się anteny urządzenia ostrzegawczego AN/APS-13, które Eduard przewidział jako elementy fototrawione. Doklejenie tych detali zwieńczyło pracę nad modelem.

The model was a training ground for me when it comes to recreating the NMF (Natural Metal Finish) coating. Thanks to this experience I will not make similar mistakes in the future when doing this type of painting. Despite the good fit and many simplifications in assembly, it is necessary to pay a lot of attention to this set due to the numerous joints, especially with such surface finish. Currently, a competitive Eduard set has appeared on the market, which is also worth looking at if you want to make a similar model. Mustangs are very popular among modelers, because the silhouette of this machine, as well as the painting schemes, can be as attractive as the one I made on the miniature.

Model był dla mnie poligonem, jeśli chodzi o odwzorowanie powłoki NMF (Natural Metal Finish). Dzięki zdobytemu doświadczeniu nie popełnię podobnych błędów w przyszłości przy wykonywaniu tego typu malowań. Mimo dobrego spasowania i wielu ułatwień w montażu trzeba temu zestawowi poświęcić sporo uwagi ze względu na liczne miejsca łączeń elementów, szczególnie przy takim wykończeniu powierzchni. Aktualnie na rynku pojawił się konkurencyjny zestaw Eduarda, któremu też warto się przyjrzeć, chcąc wykonać podobny model. Mustangi cieszą się dużym zainteresowaniem wśród modelarzy, bowiem sylwetka tej maszyny, jak i same malowania bywają równie atrakcyjne jak to, które wykonałem na miniaturze.

North American P-51D-10NA 44-14164 "Detroit Miss" assigned to 375 F.S. 361 F.G. 8 A.F., piloted by Lt. Urban L. Drew, Little Walden/Essex, October 1944. The yellow nose is an identification sign of 361 Fighter Group. Such painting scheme was designed in July 1944 and first painted on Mustang belonging to Col. Thomas Christian who was commanding 361 F.G. on that time. His plane carrying the sign 'Lou IV' is well-known due to many photographs. Subsequently the rest of Mustangs of this unit were painted the same way. Black stripes on wings and horizontal stabilizers were part of rapid visual recognition system. The invasion stripes are visible on the bottom part of the empennage. In such residual form the stripes were applied between September and December 1944. All details regarding the camouflage and markings of the empennage are suppositious and were made using available photographs of the different planes of this squadron from the same period. This particular fighter is very often erroneously depicted with the red cockpit frame which in fact was blue which was the squadron colour.

North American P-51D-10N.A 44-14164 „Detroit Miss" należący do 375 F.S. 361 F.G., październik 1944 r. Żółte malowanie części dziobowej samolotu oznaczało jego przynależność do 361 Fighter Group. Malowanie tego typu zaczęto stosować w lipcu 1944 r., a pierwszym samolotem, który go otrzymał, był Mustang należący do płk. Thomasa Christiana, ówczesnego dowódcy 361 F.G. Maszyna Christiana o nazwie własnej „Lou IV" jest dobrze znana z wielu archiwalnych fotografii. W niedługim czasie pozostałe Mustangi jednostki również otrzymały ten typ malowania. Czarne pasy malowane na skrzydłach i statecznikach poziomych stanowiły jeden z elementów systemu szybkiej identyfikacji. Pasy inwazyjne widoczne są na dolnych powierzchniach części ogonowej samolotu. W tak okrojonej formie malowane były pomiędzy wrześniem i grudniem 1944 r. Wszelkie detale kamuflażu i oznaczeń na części ogonowej są jedynie przypuszczeniami, powstałymi w oparciu o zachowane fotografie archiwalne samolotów będących na wyposażeniu eskadry w tamtym czasie. Ten konkretny egzemplarz myśliwca jest często błędnie prezentowany z czerwoną ramą osłony kabiny, która w rzeczywistości była malowana na niebiesko, co odpowiadało kolorowi oznaczającemu tę właśnie eskadrę myśliwską.

Painted by/ Malował:
Zbigniew Kolacha

P-51D-5-NA, coded MX-I, s/n 44-13382, built to 90674-N design specifications and named "February". The aircraft served with the 307th FS, 31st FG, 15th Air Force, USAAF. San Severo, Italy, August 1944. The machine was flown by Lt. James L. Brooks – an ace with 13 confirmed kills under his belt, as well as 3 probable kills and 2 damaged enemy aircrafts. Brooks scored his first victory (a Fiat G-50) over Ploesti on May 18, 1944. He also took part in operation "Frantic III" scoring three kills near Mielec, Poland. On the following day he shot down a Bf-109. Brooks remained in active service after the war and flew combat missions over Korea. In the 1950s he became a factory test pilot for North American Aviation and served as the first president of the American Fighter Aces Association. The 31st FG markings included the red stripes on the tail and red wingtips with yellow bands. The "MX" squadron code letters were assigned to the unit during its service in England in 1942. The yellow bands around the wing's inboard sections were used as quick identification markings for all P-51s deployed in the MTO. The a/c individual letter "I" is repeated on the nose.

P-51D-5-NA, kod literowy MX*I, nr ser. 44-13382, zbudowany wg projektu 90674-N. Nazwa własna „February". Samolot należał do 307 F.S., 31 F.G., 15 A.F. USAAF. San Severo, Włochy, sierpień 1944 r. Pilotem tego Mustanga był porucznik James L. Brooks. Był asem z 13 pewnymi zwycięstwami powietrznymi, ponadto miał 3 zestrzelenia prawdopodobne i 2 uszkodzenia. Latał w misjach nad Ploesti, gdzie 18 maja 1944 roku uzyskał pierwsze zwycięstwo na Fiatem G-50. Brał udział w operacji Frantic III, uzyskując trzy zwycięstwa nad Polską w rejonie Mielca. W drodze powrotnej, dzień później, zestrzelił jeszcze Bf-109. Po wojnie pozostał w służbie i brał udział w wojnie koreańskiej. W latach pięćdziesiątych był pilotem testowym Nort American Aviation, był także pierwszym prezesem American Fighter Aces Association. Czerwone pasy na usterzeniu były znakiem rozpoznawczym 31 Grupy Myśliwskiej, uzupełniały go czerwone końcówki skrzydła z żółtymi pasami. Litery MX są kodem literowym dywizjonu przydzielonym dywizjonowi jeszcze w 1942 roku w Anglii. Żółte pasy na skrzydłach bliżej kadłuba są znakiem szybkiej identyfikacji dla typu P-51 w rejonie MTO. Na nosie samolotu powtórzona mała litera indywidualna „I".

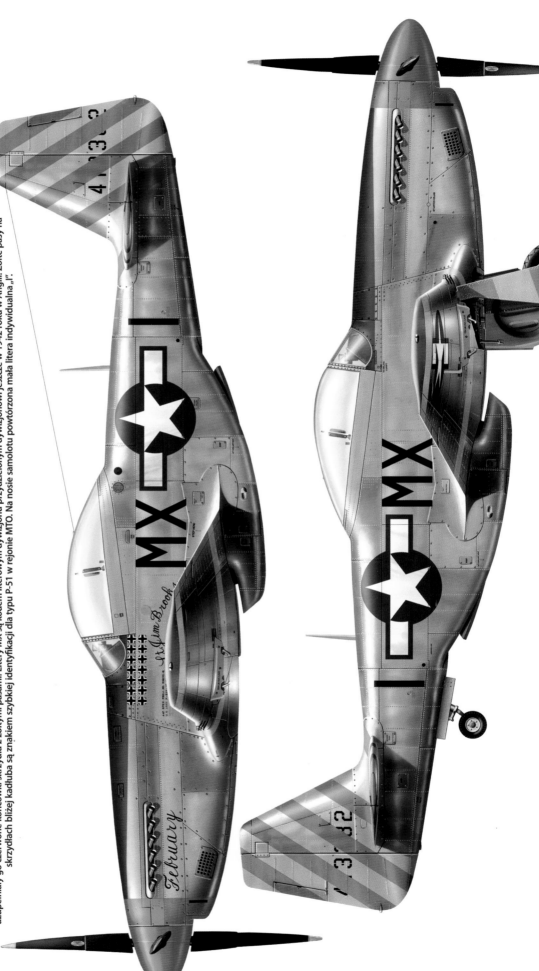

Painted by/ Malował:

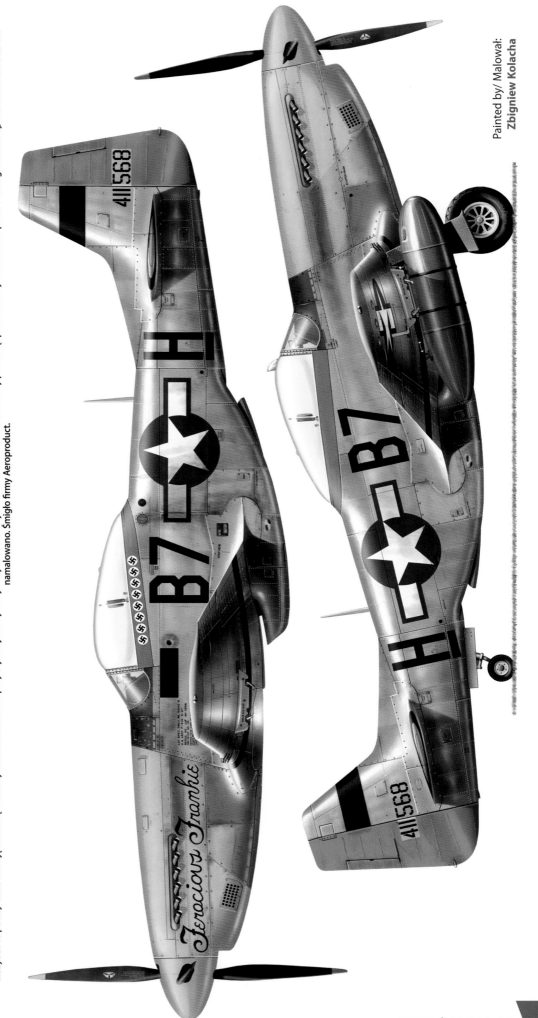

P-51K, coded B7*H, built to 22612 K design specifications, named "Ferocious Frankie", the aircraft saw service with the 374th F.S., 361 F.G., 8th Air Force, Little Walden, England, October 1944. The Mustang was flown by Lt. Col. Wallace E. Hopkins, the Group's Operations Officer. Hopkins flew 76 combat missions and was credited with 4 air-to-air kills and 4 aircraft destroyed on the ground. Pictured here is his last, least known Mustang. The eight victory markings on the canopy frame represent Hopkins's total claims, air-to-air and air-to-ground, since the 8th Air Force command assigned equal value to both categories. The practice encouraged the aircrews to be more aggressive and served as a way of eliminating as many enemy aircraft as possible. However, the Germans used dummy aircraft on a large scale and their airfields usually featured very strong AA defenses. The Mustangs suffered many losses in air-to-ground attacks, especially in the final months of the war, since the aircraft's engine cooling system was particularly vulnerable to AA fire. The drive to employ the Mustang in the air-to-ground role and the kill credit system used in the 8th Air Force produced a lot of aces, who had never scored an air-to-air victory. After the war the data was verified to allow a meaningful comparison between pilots from other nations or US Navy and Marines aircrews. The yellow nose is the element of the Group's markings, while the red rudder represents the 374th FS. Red as the Squadron's color is also present on the canopy frame and the wingtips. The wing sports standard quick identification stripes, which were dropped in January 1945. The black rectangle was there for names of the pilot and crew chief, but in the end those were not added. The aircraft featured an Aeroproduct propeller.

P-51K-5-NT, kod literowy B7*H, nr ser. 44-11568, zbudowany wg projektu 92912-R. Nazwa własna „Ferocious Frankie". Samolot należał do 374 F.S., 361 F.G., 8 A.F. Little Walden, Anglia, październik 1944 roku. Pilot – podpułkownik Wallace E. Hopkins - był oficerem operacyjnym 361 Grupy. Hopkinsowi zaliczono 4 zwycięstwa w powietrzu i 4 samoloty wroga zniszczone na ziemi. Wykonał 76 misji bojowych. Na planszy przedstawiono ostatni samolot Hopkinsa, bardzo mało znany. Osiem symboli zwycięstw na ramie kabiny symbolizuje jego łączne zniszczenia samolotów Luftwaffe, w powietrzu i na ziemi. Dowództwo 8 Armii Lotniczej jednakowo traktowało te zniszczenia. Chciano zachęcić pilotów do większej agresywności z myślą o szybkim wyeliminowaniu z walki większej liczby samolotów niemieckich. Jednak Niemcy stawiali wiele atrap, a ich lotniska były silnie bronione. Mustang był wrażliwy na uszkodzenia układu chłodzenia. Poniesiono w ten sposób wiele niepotrzebnych strat. Zwłaszcza w końcowym okresie wojny. W ten sposób w 8 Armii narodziło się wielu asów, którzy nie zaliczyli nawet jednego pojedynku powietrznego. Po wojnie zweryfikowano te dane, by można było z sensem porównywać osiągi i wkład w zwycięstwo z pilotami innych armii czy pilotami US Navy i Marines. Żółty nos jest oznaczeniem grupy, czerwony ster jest w kolorze dywizjonu. W kolorze dywizjonu także rama kabiny i końcówki skrzydeł. Te pełniły także funkcję ozdobną. Na skrzydłach standardowe pasy szybkiej identyfikacji – wycofane od stycznia 1945 roku. Na burcie czarny prostokąt przeznaczony na nazwiska pilota i obsługi naziemnej, lecz ostatecznie ich nie namalowano. Śmigło firmy Aeroproduct.

Painted by/ Malował:
Zbigniew Kolacha

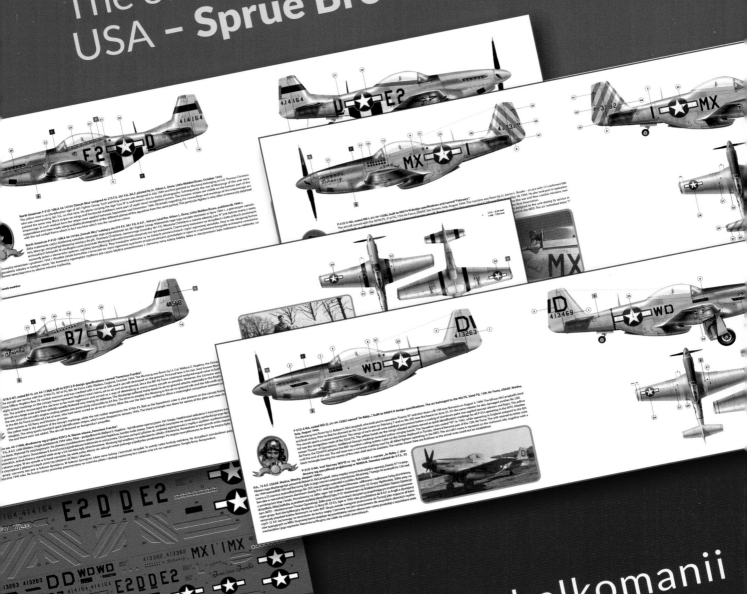